A Otro Lugar
To Another Place

A Otro Lugar
To Another Place

Bernardo Palombo

the poetry of songs

New York

A Otro Lugar / To Another Place
Copyright © 2024 Bernardo Palombo
All rights reserved

This book began as an idea over two years ago and became the focus of our world in the last months of Bernardo's life. It would not have been possible without the work and encouragement of Arteidolia Press. Translations were discussed in depth with Bernardo by j. maya luz, Nichiren Palombo, and Caroline Drouin (Receta para Un Canción, Las Estaciones).

Special thanks to Alexandra Castano and Ivonne García (Spanish translation of the introduction). Acknowledgements to Diane Gal and Mark Soderstrom of SUNY Empire State College for supporting long discussions with Anastasia Pratt about the geography of place, and how acts of creativity infuse cultures with vessels that preserve history, memory and significance.

This work was also made possible with the support of Sarah Plant, Daniel Verdejo, Lynn Feasley, Andres Lizazo, Valerie Naranjo, Barry Olsen, and the El Taller Latino Americano community at large, who have been a source of constant warmth and care. We thank you all.

Cover art: Bernardo Palombo
Cover design: Tola Brennan
Drawing of Palombo: © Jeff Schlanger, musicWitness ® 1979

Arteidolia Press
arteidolia.com/arteidolia-press

First Edition
Library of Congress Control Number: 2024907151
ISBN 979-8-9889702-6-2

Con todo nuestro amor y cariño para
Bernardo "Chungo" Palombo
1948-2024

Chaski, Alchemist, Creator of possibilities,
and Provocateur of dreams

We hope that this book can spread the message that Bernardo dedicated his life to: to sing and work for peace against all that is destructive, and to foster all that is humane, creative, and just.

The Poetry of Songs

Introduction by j. maya luz

El Canto Canta a Otro Lugar
The song sings of another place

Canción desde mi Infancia / Song from my Childhood....1
Ana Ocarina....5
Las Estaciones / Seasons....7
De Argentina a Puerto Rico / From Argentina to Puerto Rico....11
Canción por Violeta / Song for Violeta....15
Sera Invierno / Winter in Central Park....17
Maya Luz....19
Perro con Dos Colas / Dog with Two Tails....21
Tiempo (Soneto) / Time (Sonnet)....23
Cuna Pobre / Poor Cradle....25
A Otro Lugar / To Another Place....27
Cantoetica (o de la etica del canto)....29
Songethics (or the ethic of songs)
Destino Cruel / Cruel Destiny....33
Credo....35
Te Digo Hermano / I'm Telling You Brother....37

Por un Viejo Muerto / Song for a Dead Old Man....41

El Amanecer / The Dawn....43

Canción del Inmigrante / Immigrant Song....45

Canto Tierra / Earth Song....47

Ni un Tiro Más / Not One More Shot....49

Margarita....53

Manifiesto / Manifesto....55

Hoy Me Acuerdo / Today I Remember....61

Canción para una Muchacha Azul / Song for a Girl in Blue....63

El Palomero / Pigeon Man....67

Esta Canción / This Song....71

Receta para un Canción / Recipe for a Song....73

Cuida el Agua / Care For Water....75

Imagen Latina / Latin Image....77

Canción por Woody Guthrie / Song for Woody Guthrie....79

Las Noticias / The News....81

El Canto Canta a Otro Lugar
The song sings of another place

desandar los recuerdos hasta mi vieja casa
untangle the memories to my old house

Bernardo used to remind me of something I said to him one of the first times that we met: "I love good stories." He was one of the best tale-tellers. Listening to him spin threads while walking the streets of New York City was a quintessential activity for getting to know Bernardo Palombo. He could walk for miles. He said his stamina came from his time in military school, El Liceo Militar General Espejo in Mendoza, Argentina, that he attended from the ages of 11 through 16. There were few NYC streets that his feet had yet to mark after 55 years of walking them. He would untangle his memories to the ever-changing panorama of sights and sounds. I can still hear the rhythm of his gait, a gait that began his intuitive process that created patterns that transformed into rhythms, rhymes and words. And those patterns, the result of his movement in one place, gave him access to the memories of his movements in others: memories of Mendoza, Puerto Rico, the Dominican Republic, Cuba and his 45 years as the Artistic Director of a place called El Taller Latino Americano, where people from all over the world come to learn, to be with art, and to sing.

todo es chimera
all is chimera

When his feet struck the earth, it brought him to other places, places that gave him a far reaching vista from which he conjured images and ideas. He waxed philosophy, etymology, history, art and literature with his pace. He was mesmerized by culture, the positive aspects of Fernando Ortiz's "transculturation", the aesthetic expressions of often suppressed peoples who kept those cultures' dignity celebratory, accessible and alive in art, music and poetry. He saw that suffering was everywhere, and each of us did what we could in our own lives to be able to survive. For Palombo, "all is chimera": separations between us, the distances from one place to another, one experience from another, was an illusion. Culture was one way to form community and the bonds for alleviating some of that suffering. He felt that this was evident in a city like New York, with its "immigrant nature", because we were all here seeking a better place.

Yo solo soy un ave errante, buscando lar donde anidar
I'm like a bird flying and wandering, seeking a land where I can live

Palombo was born in Mendoza, Argentina in 1948. He loved to tell a story about how he learned to talk in full sentences before he began to walk. It was a sweet explanation for his loquacious nature. Palombo was entranced by words, joyfully playing with rhyme and meter that was also influenced by music, which was a deep part of his regional culture. His artistic journey began as an adolescent poet, which earned him recognition and a prestigious prize from the Sociedad Argentina de Escritores de Mendoza. His winnings were taken away when it was revealed that he was a teenager, and worse, an unpublished poet. This was a critical moment for young Palombo, stirring his rebellious nature that was instinctually repelled by anything that was exclusive or pretentious, and in response he turned towards the song (el canto). He understood that it was the song that carried messages far and wide by easily breaking the barriers of culture and language, while being receptacles of stories, histories and messages that left an imprint on the soul's memory. He felt that songs were powerful for the way they brought people together; songs were an important place for homage, history, memory and belonging.

Even though Palombo has been associated with the musical movement, La Nueva Canción, his repertoire is wide: from folk to salsa, from plena to decíma, lullaby to rock and roll. It is this eclecticism that makes him unique. He was compelled by an insatiable curiosity, a desire to listen to others and a playful nature that afforded him the ability to take creative risks. In fact for him, the only risk was to deprive his spirit of experimentation.

His poem-songs are also a timeline for a remarkable life. He left Mendoza at the age of 19, already with some musical accolades from the song "Vendimiador", lyrics that were set to music by Damián Sanchez and recorded by the vocal group Los Trovadores in 1965, when Palombo was just 17. With his family's help and a community loan, he had enough money for a ticket to New York City, and once he arrived, he intended to raise the rest of the money he needed to get to France, to "become an intellectual" by staying with the writer Julio Cortazar. A few years earlier, his grandfather, Bernardo Blanco-Gonzales, the dean of Mendoza's Facultad de Filosofía y Letras had invited Cortazar to live with him and teach at the university. That journey to France would never come to be. New York City in 1969 was a wondrous and exciting place. Once Palombo arrived, an adventure in music, language (Spanish and English), and activism began.

Y aunque el sur nació mi canto, se maduró en el Caribe
And though the south gave birth to my song, it matured in the Caribbean

New York is its own character in Palombo's story. It was his university. The people he met, the sounds he heard, the activities he engaged in, were each integral to his development. Palombo became immersed in overlapping political worlds of the late 60s and early 70s. He was exposed to new music, new people, new ideas. Simultaneous to the sounds of folk and rock, there were surprises for this Mendocino: the music of the Caribbean, from Puerto Rico, Cuba and the Dominican Republic. He was captivated by the rhythms of these countries, another kind of folk from his native region. As part of the group, El Grupo, he traveled and was immersed in the musical legacies of Puerto Rico; later his work with the Center for Cuban Studies would give him entree to Cuba; in New York a connection to Café Protesta would strengthen his connection to the political song internationally; and in 1974 he would help to organize the festival Siete Días con el Pueblo (Seven Days with the People), in support of the workers union (CGT), in Santo Domingo, Dominican Republic during its most repressive government under the Balaguer regime. These lessons, most joyful, some tragic, fostered an outlook that became the mission of Palombo's biggest project: El Taller Latino Americano. Founded in 1979, it is a place for dynamic thought, creativity for the sake of creativity, a place he imagined that could be a house for those who dared to dream, dared to be themselves, and dared to let their voices fly, like the best songs did.

conéctate al radio de tu corazón
connect to the radio in your heart

For him the song is a place: it is a location, a site, it describes cultures, histories and relationships from other times, other memories, that mix into us in the present and become ours in the here and now, on a continuum that is in constant change.

For him the song is a place: it is carried on the wind by instruments, voices and vibrations and is planted into a collective memory so transparent that sometimes we don't even remember how it got there. It crosses borders and languages. It has new owners, new meanings and new memories associated with them. It is consistent only in its "transculturation": its way of presenting the aesthetic version of the common experiences of its era, and making it culturally meaningful, spiritually significant, and politically resonant from place to place, and generation to generation.

The song is a need; it is absorbed deeply into us: into hearts, minds, and bodies, into hands and hips, shoulders and mouths. It gives us stories that were never written down. It teaches us the poems that we didn't know existed, and don't know yet how to read. And when we come together and sing them, we transform into a harmonic community that elevates our voices above all that is chimera, and brings us *A Otro Lugar*.

j. maya luz
New York City, 2024

El Canto Canta a Otro Lugar

desandar los recuerdos hasta mi vieja casa
untangle the memories to my old house

Bernardo solía recordarme algo que le dije una de las primeras veces que nos vimos: "Me encantan las buenas historias". Era uno de los mejores contadores de historias. Escucharlo darle vueltas a un asunto, mientras caminaba por las calles de la ciudad de Nueva York, era una actividad por excelencia para conocer a Bernardo Palombo. Podía caminar kilómetros. Decía que su resistencia provenía de su tiempo en la escuela militar, El Liceo Militar General Espejo en Mendoza, Argentina, al que asistió desde los 11 hasta los 16 años. Eran pocas las calles en NYC que sus pies aún no habían marcado después de 55 años de recorrerlas. Desenredaba sus recuerdos mientras caminaba hacia el panorama siempre cambiante de imágenes y sonidos. Todavía puedo oír el ritmo de su andar, un andar que inició su proceso intuitivo, que creó patrones que se transformaron en ritmos, rimas y palabras. Y esos patrones, resultado de su movimiento en un lugar, le dieron acceso a los recuerdos de sus movimientos en otros: recuerdos de Mendoza, Puerto Rico, República Dominicana, Cuba y sus 45 años como Director Artístico de un lugar llamado El Taller Latino Americano, donde gente de todo el mundo viene a aprender, estar con el arte, y cantar.

todo es chimera
all is chimera

Cuando sus pies tocaban la tierra, lo llevaban a otros lugares, lugares que le daban una vista de largo alcance desde la cual conjuraba imágenes e ideas. Cultivó la filosofía, la etimología, la historia, el arte y la literatura con su propio ritmo. Estaba hipnotizado por la cultura, los aspectos positivos de la "transculturación" de Fernando Ortiz, las expresiones estéticas de pueblos a menudo reprimidos que mantenían la dignidad celebratoria de esas culturas, accesibles y vivas en el arte, la música y la poesía. Vio que el sufrimiento estaba en todas partes, y que cada uno de nosotros hizo lo que pudo en su vida para poder sobrevivir. La cultura era una forma de formar comunidad y los lazos para aliviar parte de ese sufrimiento. Para Palombo, "todo es quimera" implicaba que las separaciones entre nosotros, las distancias de un lugar a otro, una experiencia de otra, eran una ilusión. Sentía que esto era evidente en una ciudad como Nueva York, con su "naturaleza inmigrante", porque todos estábamos aquí buscando un lugar mejor.

Yo solo soy un ave errante, buscando lar donde anidar
I'm like a bird flying and wandering, seeking a land where I can live

Palombo nació en Mendoza, Argentina, en 1948. Le encantaba contar la historia de cómo aprendió a hablar en oraciones completas antes de comenzar a caminar. Era una dulce explicación de su naturaleza locuaz. Palombo estaba fascinado por las palabras, jugando alegremente con la rima y la métrica que también estaban influenciadas por la música, que era una parte profunda de su cultura regional. Su trayectoria artística comenzó como poeta adolescente, lo que le valió el reconocimiento y un prestigioso premio de la Sociedad Argentina de Escritores de Mendoza. Le quitaron sus ganancias cuando se reveló que era un adolescente y, lo que es peor, un poeta inédito. Este fue un momento crítico para el joven Palombo, despertando su naturaleza rebelde que instintivamente era repelida por todo lo que fuera exclusivo o pretencioso, y en respuesta se volvió hacia la canción (el canto). Entendió que eran las canciones las que llevaban mensajes a lo largo y ancho rompiendo fácilmente las barreras de la cultura y el idioma, al tiempo que eran receptáculos de historias, historia y mensajes que dejaban una huella en la memoria del alma. Sentía que las canciones eran poderosas por la forma en que unían a las personas; las canciones eran un lugar importante para el homenaje, la historia, la memoria y la pertenencia.

A pesar de que Palombo había estado asociado al movimiento musical La Nueva Canción, su repertorio era amplio: del folk a la salsa, de la plena a la décima, de la canción de cuna al rock and roll. Era este eclecticismo lo que lo hacía único. Lo impulsaba una curiosidad insaciable, un deseo de escuchar a los demás y una naturaleza lúdica que le permitía asumir riesgos creativos. De hecho, para él, el único riesgo era privar a su espíritu de experimentación.

Sus poemas-canciones son también una cronología de una vida extraordinaria. Salió de Mendoza a los 19 años, ya con algunos reconocimientos musicales de la canción "Vendimiador", letra que fue musicalizada por Damián Sánchez y grabada por el grupo vocal Los Trovadores en 1965, cuando Palombo tenía apenas 17 años. Con la ayuda de su familia y un préstamo comunitario, tuvo suficiente dinero para un pasaje a la ciudad de Nueva York. Una vez allí, tenía la intención de reunir el resto del dinero que necesitaba para ir a Francia y quedarse con Julio Cortázar para "convertirse en un intelectual". Unos años antes, su abuelo, Bernardo Blanco-Gonzales, decano de la Facultad de Filosofía y Letras de Mendoza, había invitado a Cortázar a vivir con él y enseñar en la universidad. Ese viaje a Francia nunca llegaría a realizarse. La ciudad de Nueva York en 1969 era un lugar maravilloso y emocionante. Una vez que Palombo llegó, comenzó una aventura en la música, el idioma (español e inglés) y el activismo.

Y aunque el sur nació mi canto, se maduró en el Caribe
And though the south gave birth to my song, it matured in the Caribbean

Nueva York tiene un carácter propio en la historia de Palombo. Era su universidad. Las personas que conoció, los sonidos que escuchó, las actividades en las que participó fueron parte integral de su desarrollo. Palombo se vio inmerso en mundos políticos superpuestos de finales de los 60 y principios de los 70. Estuvo expuesto a nueva música, nueva gente, nuevas ideas. Simultáneamente a los sonidos del folk y el rock, hubo sorpresas para este mendocino: la música del Caribe, de Puerto Rico, Cuba y República Dominicana. Quedó cautivado por los ritmos de estos países, un tipo de folk diferente al de su región natal. Como parte del grupo, El Grupo, viajó y se sumergió en los legados musicales de Puerto Rico; más tarde su trabajo con el Centro de Estudios Cubanos le daría entrada a Cuba; en Nueva York, una conexión con el Café Protesta fortalecería su conexión con la canción política a nivel internacional; y en 1974 ayudaría a organizar el festival Siete Días con el Pueblo, en apoyo a la CGT, en Santo Domingo, República Dominicana durante su gobierno más represivo bajo el régimen de

Balaguer. Estas lecciones, la mayoría alegres, algunas trágicas, fomentaron una perspectiva que se convirtió en la misión del proyecto más grande de Palombo: El Taller Latino Americano. Fundado en 1979, es un lugar para el pensamiento dinámico, la creatividad por la creatividad, un lugar que imaginó que podría ser una casa para aquellos que se atrevieran a soñar, se atrevieran a ser ellos mismos y se atrevieran a dejar volar sus voces, como lo hacían las mejores canciones.

conéctate al radio de tu corazón
connect to the radio in your heart

Para él la canción es un lugar: es una localización, un sitio, describe culturas, historia y relaciones de otros tiempos, otros recuerdos, que se mezclan con nosotros en el presente y se vuelven nuestros en el aquí y ahora, en un continuo que está en constante cambio.

Para él la canción es un lugar: es llevada en el viento por instrumentos, voces y vibraciones y está plantada en una memoria colectiva tan transparente que a veces ni siquiera recordamos cómo llegó allí. Traspasa fronteras e idiomas. Tiene nuevos dueños, nuevos significados y recuerdos asociados a ellos. Es consistente sólo en su "transculturación": su forma de presentar la versión estética de las experiencias comunes de su época, y hacerla culturalmente significativa, espiritualmente significativa y políticamente resonante de un lugar a otro, y de generación en generación.

La canción es una necesidad: se absorbe profundamente en nosotros: en los corazones, las mentes y los cuerpos, en las manos y las caderas, los hombros y las bocas. Nos da historias que nunca fueron escritas. Nos enseña los poemas que no sabíamos que existían, y que aún no sabemos leer. Y cuando nos juntamos y las cantamos, nos transformamos en una comunidad armónica que eleva nuestras voces por encima de todo lo que es quimera, y nos lleva A Otro Lugar.

j. maya luz
Ciudad de Nueva York, 2024

Canción desde mi Infancia

Para Ira and Demián

Mi infancia duerme en las ramas del árbol viejo
Que busca en un perfil de fogata al cielo
Una flauta en abril y en la luna un espejo
para que arda la tarde como un yesquero

Mi infancia tiene un gusto de callejones
Un sabor de pan fresco bajo la almohada
Una lluvia de polvo y de corazones
Al rumor de la hierba recién cortada

Mis niños duelen tanto como la huella
que a la tarde lastima si cae una estrella

Se suspenden los climas en mi provincia
que me daba el verano como una nana
Que poblaba el otoño de hojas de cuero
y el invierno de menta ginebra y lana

Mis niños tienen ojos de primavera
vuelven el aire joven y la madera

Mi corazón ardía como un panal
Era un pan de colmenas cada mañana
Cubierta las montañas la primavera
Alzaba un toro rojo sobre mi cama

No conocen la muerte son inmortales
No saben de arzobispos ni generales

Mi infancia me ha costado la vida entera
De pelear con canciones contra las fieras
de pintar en cada hombre una ventana
y jugar con serpientes y con manzanas

Song from my Childhood

For Ira and Demián

My childhood sleeps in the branches of an old tree
It seeks the contours of a bonfire in the sky
A flute in April and on the moon a mirror
that burns in the night like a flame

My childhood has the flavor of alleyways
The taste of fresh bread under a pillow
A rain of dust and of fallen hearts
The whispers of freshly cut herbs

My sons hurt as much as the footprint
that the evening suffers when a star falls

The weather lingers in my province
which gave me summer like a lullaby
That crowded autumn with leather leaves
and winter with mint gin and wool

My sons have eyes of spring
they make the air young and the wood new

My heart burned like a honeycomb
It was a bread of hives each morning
Mountains covered by the arrival of spring
A red bull rising over my bed

They don't know death they are immortal
They don't know archbishops nor generals

My childhood has cost me my entire life
A fight with songs against the beasts
to paint a window upon each man
and play with serpents and with apples

Mis niños cuando sonríen fundan la luz
le crece al mundo forma de flor azul

Mi infancia vale ahora más que los años
y crece verde y nueva sobre sus labios
y me abruma de grillos y campanarios
de tigres y elefantes indios y carros

Mis niños son los niños de un mundo niño
dónde algún día el hombre podrá ser niño

Una canción escrita durante mi divorcio de mi primera esposa, cuando era un momento triste y esperaba que mis hijos siguieran siendo jóvenes e inocentes.

My sons when they smile create the light
the world grows into the shape of a blue flower

My childhood is now worth more than my years
and it grows green and new upon their lips
and it awes me with crickets and bell towers
of tigers and elephants, Indians and carriages

My children are the children of a child world
where someday a man can be a child

A song written during my divorce from my first wife, when it was a sad time and I hoped my children would remain young and innocent.

Ana Ocarina

Ocarina bandoneón
Mandolina y tambor
Violoncello corazón
Niña verde abril mejor

Ana ocarina Ana bandoneón
Ana mandolina trutruca y tambor
Ana violoncello lluvia y corazón
Ana niña verde de un abril mejor

Ana luna y lluvia
Ana tierra y sol
Ana viento y árbol
Ana luz y flor
Ana hermana humana de cualquier color
Ana risa nueva del eterno amor

¿Cuándo Ana crezca, el mundo será o ya no estará?
¿Será ceniza y humo o será canto de pan?
¿La luz mirará ruinas o crecerá la flor?
Con Ana con la vida y con la bomba no!

Ana sí a la vida y a la bomba no!
Ana ocarina, Ana corazón
Ana sí a la vida y a la bomba no!

En el documental "Latido Latino" (2002), Pete Seeger propuso que la letra de Palombo de "Ana Ocarina" debería ser una religión mundial: "sí a la vida, no a la bomba."

Ana Ocarina

Ana ocarina, Ana flugelhorn
Ana ukulele, Ana pipe and drum
Ana violin-cello, Ana saxophone
Ana child as fresh as early April morn

Ana ocarina, Ana flugelhorn
Ana ukulele, Ana pipe and drum
Ana conga and cello, Ana saxophone
Ana child as fresh as early April morn'

Ana rain and moonlight
Ana earth and sun
Ana wind and flower
Ana light and dawn
Ana human sister, color of the world
Ana life that's smiling with eternal love

When Ana starts to grow up, will the world still be?
Will it be in ruins? Or will we sing of peace?
Will lightness fade to darkness? Or will the flowers grow?
With Ana saying yes to life and No, bomb, no!

Ana yes to life and to the bomb no!
Ana ocarina, Ana heart
Ana yes to life and to the bomb no!

In the documentary "Latido Latino" (2002) Pete Seeger proposed that Palombo's lyrics to "Ana Ocarina" should be a world religion — "yes to life - no to the bomb."

Las Estaciones

La primavera es verde como una hoja
El verano una nube caliente y roja
El otoño Amarillo como oro añejo
El invierno las barbas blancas de un viejo

Luz en el aire llega
la primavera
La estación favorita
de mis abuelas
Y azul de cielo vuelen
las golondrinas
Y hay parejas
de novios
en cada esquina
Agua en la fuente canta
canción de plaza
y hasta parece nueva
Mi vieja casa
La primavera es verde como una hoja

Con su piel de durazno
llega el verano
Y hay un toro en la sangre
de mis hermanos
Y mis hermanas cortan
todas las rosa
Y el viento se ha llenado
de mariposas
A la noche salimos
a tomar fresco
Y en el alba el sol brilla
como un espejo
El verano una nube caliente y roja

Seasons

Spring is green like a leaf
Summer is a cloud hot and red
Fall is yellow like antique gold
Winter the white beard of an old man

With light in the air arrives
the spring
The favorite season
of my grandmothers
And the blue of the sky returns
the swallows
There are pairs
of lovers
on every corner
Water in the fountain sings
the plaza's song
And it even seems new
my old house
Spring is green like a leaf

With its peach skin
arrives the summer
There is a bull in the blood
of my brothers
And my sisters harvest
all of the roses
And the wind is filled
with butterflies
At night we all go outside
to cool ourselves
And at dawn the sun shines
like a mirror
Summer is a cloud hot and red

El otoño se escribe en
mil hojas secas
Se desnudan las plantas
la luz se aleja
Se ha tenido de ocre
todo el paisaje
y siempre me dan ganas de hacer un viaje
Cambia el color de todo
como por magia
El otoño e el tiempo
de la nostalgia
El otoño amarillo como oro añejo

Gris de nieve el invierno
pinta los techos
Y hay catarros y hay toses
y hay mal de pecho
Y todos los asuntos
se hacen en casa
Y por la calle helada
ni un perro pasa
Ojalá qu este invierno
no sea tan frío
Ojalá todos tengan
casa y abrigo
El invierno las barbas blancas de viejo

El invierno las barbas blancas de un viejo
El otoño amarillo como oro añejo
El verano una nube caliente y roja
La primavera es verde como una hoja

Fall is written in
a thousand dry leaves
Plants undress themselves
the light fades away
The landscape
is stained with ochre
and it always makes me want to take a trip
Everything changes color
as if by magic
Fall is the time
for nostalgia
Fall is yellow like antique gold

Gray with snow the winter
paints the roofs
There are colds and there are coughs
and there is chest pain
And all business
is done at home
And in the frozen street
not even a dog walks by
Let's hope this winter
won't be so cold
Let's hope everyone will have
a home and a coat
Winter, the white beard of an old man

Winter, the white beard of an old man
Fall is yellow like antique gold
Summer is a cloud hot and red
Spring is green like a leaf

De Argentina a Puerto Rico

Rebelión dicha quebranto
Semilla de eternidad
Hasta el taller llegó el canto
de la trovera amistad

Le debo a mi tierra tanto
la República Argentina
como a la musa divina
de la Isla del Encanto
Y aunque el sur nació mi canto
se maduró en el Caribe
En mi corazón conviven
chacarera y seis *chorreao*
malambo plena tumbao
rebelión dicha quebranto

Dolor dicha y rebelión
son estancias de la vida
Y el humano que no olvida
su sagrada condición
canta y construye el amor
con toda la humanidad
Sabiendo que aquel que da
la luz que llevamos dentro
es cual dios en movimiento
Semilla de eternidad

Semillas de la mañana
que en esta casa dejaron
Trovadores que llegaron
desde tierra *borincana*
y en su viento de *guajanas*
cotorras y panapén
Por Broadway se pudo ver
en un sol de medianoche
la décima como un broche
El canto llegó al Taller

From Argentina to Puerto Rico

Rebellion, joy, and sorrow
Seed of eternity
The song of troubadour brotherhood
has reached El Taller

I owe as much to my land
the Argentine Republic
as to the divine muse
of the Island of Enchantment
And though the south gave birth to my song
it matured in the Caribbean
Together in my heart live
chacarera and *seis chorreao*
malambo plena tumbao
rebellion, joy, and sorrow

Pain joy and rebellion
are stages of life
And the human who doesn't forget
his sacred condition
sings and builds love
with all of humanity
Knowing that the one who gives
the light we carry within
is like God in motion
Seed of eternity

Seeds of the morning
that they left in this house
Troubadours who arrived
from in the land of *Borinquen*
and in their breeze *guajanas*
cotorras and *panapén*
On Broadway, one could see
in a midnight sun
the *décima* like a brooch
The song has reached El Taller

Desde el Taller yo redundo
en loas a su armonía
su elegancia y su hidalguía
al tratar temas profundos
Haremos un mejor mundo
La Armada se marchará
Y en la vida y su verdad
de ataúdes y laúdes
perduraran las virtudes
de la trovera amistad

Escrito en 1996, cuando los trovadores llegaron a El Taller desde Puerto Rico y le dedicaron una décima. Esta es la respuesta de Bernardo a su décima.

From El Taller, I am effusive
in praise of your harmony
your elegance, and your nobility
addressing the deeper subjects
We will make a better world
The Navy will march on
And in life and its truth
of coffins and lutes
the virtues of troubadour brotherhood
will endure

Written in 1996, when troubadours came to El Taller from Puerto Rico and dedicated a décima to El Taller. This is Bernardo's response to their décima.

(Note: a *décima* is a form in Spanish language poetry and song involving 10 eight syllable lines per stanza.)

Canción por Violeta

para Violeta Parra

Violeta, hace mucho me hablaron de vos
no sé cuántas veces, tal vez una o dos
Yo andaba en mis cosas, ni me preocupé
Cantores hay tantos, buenos dos o tres

Perdóname hermana no escucharte antes
Andaba en la etapa del mono arrogante
Inventando rimas gasté el diccionario
y casi me vendo por treinta denarios

Hoy no sé dónde andas ni quiero saber
sólo sé que vuelves en cada clavel
"Violetica hermánica" estés dónde estés
Gracias a la Vida por hacerte ser

Hermana Violeta toma mi guitarra
afinarla en clave de sol y de Parra
Violetica "furiósica" préstame tu rabia
recta como un surco puro como el agua

"Violetica humanica" cuida mi canción
para que en el odio se me vuelva amor

Violeta sálvame de la oscuridad
que sólo agua clara se atreve a tomar
Mi gente que espera
la canción y el pan

Song for Violeta

for Violeta Parra

Violeta, a long time ago they told me about you
I don't know how many times, maybe once or twice
I was busy with my own things, didn't pay much attention
Singers are many, good ones two or three

Forgive me, sister, for not listening to you earlier
I was in the stage of the arrogant monkey
Inventing rhymes, I wore out the dictionary
and I almost sold myself for thirty denarii

Today, I don't know where you are, and I don't want to know
I only know that you return in every carnation
"Violetica, sisterica," wherever you are
Thanks to life for making you be

Sister Violeta, take my guitar
tune it in the key of G and Parra
Violetica, furiousica, lend me your rage
straight as a furrow, pure as the water

Violetica, humanica, take care of my song
so that in hatred, it turns into love

Violeta, save me from the darkness
that only pure water dares to drink
My people are waiting
for the song and our bread

Sera Invierno

Volveré
Será invierno en Central Park
Estará
todo igual que aquella vez
Sentiré el olor
de la lluvia y de tu piel
Y saldrá tu voz
de las calles que pisamos
cuando todo era verano
y era el mundo en nuestras manos
casi una canción

La calle estará igual
pero el tiempo
no perdona
ni la luz
ni la flor
que fue ayer

Buscaré
viejas llaves que al sonar
me abrirán
como un libro el corazón
Pensaré que estás
recostada en el sofa
esperándome
para ir hasta la esquina
o al café que en la neblina
era faro y era guía
de la soledad

La calle estará igual
pero el tiempo
no perdona
ni la luz
ni la flor
que fue ayer

Winter in Central Park

I will return
It will be winter in Central Park
It will be
everything just like it used to be
I'll sense the smell
of the rain and of your skin
And your voice will rise
from the streets we used to tread
when everything was draped in summer
and the world was in our hands
almost like a song

The street will be the same
but time
won't pardon
neither the light
nor the flower
that was yesterday

I will search
for old keys that when they sound
will open up
my heart just like a book
I will think that you are
reclining on the sofa
waiting for me
to go to the corner
or to the café that in the mist
was a beacon and a guide
for solitude

The street will be the same
but time
won't pardon
neither the light
nor the flower
that was yesterday

Maya Luz

para mi esposa

Entre las flores la mas bonita
mi luz bendita se va a dormir
y yo le canto las tardecitas
para que el sueño pueda venir

Como un arrullo de primavera
para su alma que es mi jardín
que le de fuerza
que le de calma

y mientras duerme que piense en mi

Duérmase mi nina
duérmase mi sol
duérmase pedazo de mi corazón

Duerma luz de mi alma
cofre de mi amor
para que te duermas
canto mi canción

Duérmase en mis brazos
junto al corazón
para que te duermas
envuelta en amor

Maya Luz

for my wife

Among the flowers, the most beautiful
my blessed light goes to sleep
and I sing to her in the evenings
so that sleep may come near

Like a lullaby of spring
for her soul, which is my garden
to give her strength
to give her calm

and while she sleeps, may she think of me

Sleep my girl
sleep my sun
sleep piece of my heart

Sleep light of my soul
treasure of my love
so that you may sleep
I sing my song

Sleep in my arms
close to my heart
so that you may sleep
enveloped in love

Perro con Dos Colas

Como se habla de Mendoza
cuando uno se halla alejado
Como en el canto del agua
sin tener la acequia al lado

Como decir la montaña
si el Aconcagua no veo
Como esperar la mañana
si no llega la que quiero

Como tomarse otro trago
sin tener la viña cerca
y pensar que están mis viejos
sentados alla en la huerta

Sigo siendo Mendocino
aunque no viva en Mendoza
porque en los genes la llevo
como en el ojal la rosa

Y si mi hijo en la guitarra
tonada y *cueca* enarbola
el alma se pone alegre
como un perro con dos colas

Sigo durmiendo la siesta
y comiendo humita en chala
y el mate con buena yerba
cuando empieza la mañana

Sigo arrastrando las "erres"
y si a veces tomo el tren
aunque estoy yendo a Grand Central
voy pensando en Guaymallén

Sigo pensando en la vida
como una huella divina
Porque he nacido en Mendoza
el canto me la ilumina

Dog with Two Tails

How does one speak of Mendoza
when one finds oneself so far away
Like hearing the song of the waters
without having the *acequia* close by

How to speak of the mountain
if I can't see the Aconcagua
How to wait for the morning
if the one I love doesn't arrive

How to have another drink
without having the vineyard near
and think that my parents are
sitting in the orchard over there

I keep being Mendocino
even if I don't live in Mendoza
because I carry it in my genes
like a rose placed in a lapel

And if my son on the guitar
raises a *tonada* and a *cueca*
my soul becomes joyful
like a dog with two tails

I keep sleeping the siesta
and eating *humita* in corn husks
and mate with good herb
when the day begins

I keep rolling my 'r's
and sometimes if I take the train
even though I'm heading to Grand Central
I'm thinking about Guaymallén

I keep thinking about life
as a divine footprint
Because I was born in Mendoza
the song enlightens me

Tiempo (Soneto)

Puedo dejar la noche temblando de palabras
Desandar los recuerdos hasta mi vieja casa
Recoger las canciones que allí dejé olvidadas
y sentarme a mirar como el otoño pasa

Convocar mis amigos por sus antiguos nombres
Devolverle a este un trompo, a aquel su libro rojo
Comprender que he crecido y tengo igual que un hombre
que ganar el pan diario como un dios sin reposo

Todo esto que es recuerdo puede pasarme ahora
O dolerme mañana apenas sea la tarde
O volver cualquier día a recorrerme el aire
que me mantiene vivo hasta hoy que mi madre
me da luz a los gritos junto a un cirio que arde
por el niño y el viejo que caminan mi sangre

Time (Sonnet)

I can leave the night quivering with words
Untangle the memories to my old house
Recognize the songs I left there forgotten
and sit down to watch the autumn go by

Summon my friends by their old names
Return a spinning top to this one, to that one his red book
Understand that I've grown up and I'm just like a man
that earns his daily bread like a restless god

All that is a memory can pass into me now
Or hurt me tomorrow as the afternoon comes
Or return any day to run through my breath
that keeps me alive until today when my mother
births me shouting next to a prayer candle that burns
for the child and the old man who walk through my blood

Cuna Pobre

Duerma no tengo que darle
Poco nos deja la vida
Ayer yo le di mi sangre
pero hoy no tengo comida

Duerma flor de mi cintura
Duerma no busque mis pechos
La tierra ya está madura
pero yo los tengo secos

Duerma que el sueño no tiene hambre
Duerma que el sueño no tiene frió
Cierre mi llanto con sus ojitos
que mientras duerma será el sol su amigo

Duerma no mire mis manos
sólo caricias le dan
Si todos fueran hermanos
yo las tendría de pan

Duerma que el sueño es de los pobres
Luna de azúcar techo y abrigo
Por un camino de caramelo
vendrá un domingo de leche y de trigo

Poor Cradle

Sleep I have nothing to give
Life leaves us little
Yesterday I gave my blood
but today I have nothing to eat

Sleep flower from my waist
Sleep don't look for my breasts
The earth is ready and ripe
but the ones I have are dry

Sleep because dreams don't have hunger
Sleep because dreams are not cold
Stop my crying by closing your little eyes
while you sleep the sun will be your friend

Sleep don't look at my hands
only caresses they give
If all were brothers
I would have them made as bread

Sleep because dreams are for the poor
Sugar moon roof and shelter
Along a candy path
a Sunday of milk and wheat will come

A Otro Lugar

Pronto ya de nuevo vuelve el sol
a limpiar con luz la sombra cruel
Caerá la lluvia y otra vez
volverá el sereno que yo espero

Y de aquí en ahora a otro lugar
todo el tiempo pronto al aclarar
Hay un mundo nuevo que intentar
diferente en mucho al que ya ha sido

Aunque yo esté aquí
y vos allá todo es quimera
Nace un niño allí
y muere acá la primavera

Porque este lugar
destino es y es carretera
muerte y vida son
cara y calzón de la moneda

Y ahora de nuevo llueve en primavera
(siempre fue así)
Pájaro esparce azul y en la madera
vibra el agua de luz, que el mundo espera
(para ir)
a otro lugar que es nuevo y no es igual
(ese otro lugar)

To Another Place

Soon the sun is back again
to cleanse the cruel shadow with light
The rain will fall and then once more
the calm I'm waiting for will return

And now from here on to another place
everything is going to clear up
There's a whole new world to try
very different from what has already been

Although I'm here
and you are there all is chimera
A child is born over there
and spring dies here

Because this place
is destiny and a road
death and life are
the head and tail of a coin

And now it rains once again in spring
(it always was like this)
Bird scatters blue and on the wood
the water vibrates with light, that the world awaits
(to go)
to another place that is new and not the same as
(that other place)

Cantoetica (o de la etica del canto)

*Para mi hermano Oscar Pardo Lyra
que pinta el canto con los colores
y los silencios de la montaña*

El canto nacido de asombro ante el viento
que se hizo palabra imitando el sonido
Que vibro en la boca como en un espejo
y quebró la luz en saludo y aullido

El canto que cruza de izquierda a derecha
cumpliendo en palabras la ley del sonido
Y es piel de las lluvias y hay en su memoria
millones razas y una eterna historia

El canto no debe cantar la muerte
El canto debe cantar la vida
El canto puede cambiar la suerte
El canto es libre es luz y energía

El canto que tiene la lengua de viento
y canta y comprende desde el corazón
Con los ojos toca por sus dedos canta
y su arma de guerra es la compasión

Con pasión se canta y compasión del canto
ya crece en el mundo la voz del amor
Y tal vez el nombre que acalle la guerra
crezca de las bocas que abra la canción

El canto no es cosa del cantor mas fuerte
El canto no es cosa de la voz mejor
El canto es materia que nunca fue inerte
y encanta la muerte con una canción

El canto que en nombres unía en la tierra
asuntos de lunas y asuntos de piedras
Y creció en los ruidos y guardo en su lengua
espacio y metales sonidos y estrellas

Songethics (or the ethic of songs)

For my brother Oscar Pardo Lyra,
who paints the song with the colors
and silences of the mountain

The song was born in astonishment before the wind
that became a word imitating sound
that vibrated in the mouth like in a mirror
and burned the light with a greeting and a howl

The song crosses from left to right
resolving in words the law of sound
And it is the skin of the rains and there in its memory
millions of races and an eternal story

The song shouldn't sing about death
The song has to sing about life
The song can change one's luck
The song is free it is light and energy

The song has the tongue of the wind
and sings and understands from the heart
With the eyes it plays by its fingers it sings
and its weapon of war is compassion

With passion it sings and compassion from the song
the voice of love is already growing in the world
And perhaps the name that silences war
will grow from the mouths opened by the song

The song is not something for the strongest singer
The song is not something for the best voice
The song is matter that was never inert
and it enchants death with a song

The song united names on the earth
matters of moons and matters of stones
And grew in the noises and kept in its language
space and metals sounds and stars

El canto que hacia posible la siembra
porque era semilla comida y hacienda
Y era resonancia del mundo en la voz
y era tierra y cielo sexo bestia y Dios

Canto que tiene lengua de viento
canta y comprende de corazón
Los ojos tocan sus dedos cantar
Su arma de guerra es la compasión

Pasión que cantas pasión del canto
Cántame un mundo con compasión
Amor tu que andas juntando cantos
cambia la guerra por la canción

Canto no es cosa del que es más fuerte
Canto no es cosa del que es mejor
Canto es materia jamás inerte
Canto en la muerte y en la canción

The song has made sowing possible
because it was seed food and home
And it was the resonance of the world in the voice
and it was earth and sky sex beast and God

A song that has the language of the wind
sings and understands the heart
The eyes play its fingers sing
Its weapon of war is compassion

Passion that you sing passion from the song
Sing to me a world with compassion
Love, you who are gathering songs
trade war for song

Song is not something for one who is stronger
Song is not something for one who is better
Song is never inert matter
I sing in death and in song

Destino Cruel

Yo solo soy un ave errante
buscando lar dónde anidar
Destino cruel del inmigrante
siempre adelante y sin parar

Yo quiero amor no quiero guerra
Busco una tierra en dónde estar
Tendré mi pan tendré mi amante
y nuestros hijos crecerán

Maria Jose y el Niño Cristo
buscan posada y no les dan
Suerte infeliz del inmigrante
que al mismo Dios le niegan pan

Andar es ley de lo que vive
Emigra el tiempo en su pasar
Según las leyes de la vida
ningún humano es ilegal

Yo quiero amor no quiero guerra
Busco una tierra en dónde estar
Tendré mi pan tendré mi amante
y nuestros hijos crecerán

Cruel Destiny

I'm like a bird flying and wandering
seeking a land where I can live
Such the fate of the *inmigrante*
no place to rest, no place to be

I just want love and war no more
I want a land where I can be
I'll grow my food, I'll have my lover
and our children will live in peace

Joseph and Mary and Christ the Child
they ask for lodging and they get hay
Such is your fate when you are an *inmigrante*
when even God is denied bread

All that is born is bound to travel
Time it migrates as it passes by
Under the laws that rule the living
illegal's not a human being

I just want love and war no more
I want a land where I can be
I'll grow my food, I'll have my lover
and our children will live in peace

Credo

Creo en Dios Creo en la Luna
Creo en Dios Creo en el Sol
Creo en Dios Creo en la Madre
en el Hijo y el Amor

Creo en todo lo creado
por la magia del Amor
en la gloria y el pecado
en la culpa y el perdón

Creo en Dios que es blanco y negro
Creo en Dios hombre y mujer
Creo en Dios bestia y humano
Creo en Dios "straight" y gay

Creo en Dios y en el camino
Creo en Dios y en caminar
Y en el derecho divino
que tenemos de emigrar

Creo en Dios y sus mil nombres
y aun sin nombre creo en Tal
El amar es ley humana
El matar es criminal

Creo en la luz y en la tierra
en la planta y la canción
Fragmentos de lo divino
en el cosmos del amor

Creo en Dios y en la frecuencia
de los niños al cantar
Y en el derecho que todos
tenemos de pan y hogar

Creo un Dios que del veneno
hace remedio y razón
En la flor del loto creo
que en el lodo crece amor

Credo

I believe in God I believe in the Moon
I believe in God I believe in the Sun
I believe in God I believe in the Mother
in the Child and in Love

I believe in the whole creation
for the magic of Love
in glory and in sin
in guilt and in forgiveness

I believe in God who is black and white
I believe in God man and woman
I believe in God beast and human
I believe in God straight and gay

I believe in God and in the path
I believe in God and in walking
And in the divine right
that we have to emigrate

I believe in God and its thousand names
and even without a name I believe
I believe that love is human law
The killer is criminal

I believe in the light and in the earth
in the plant and the song
Fragments of the divine
in the cosmos of love

I believe in God and the frequency
of children singing
And the right that we all
have to bread and a home

I believe in a God that from poison
makes medicine and reason
I believe in the lotus flower
that from the mud grows love

Te Digo Hermano

Te digo hermano que es tiempo
que hagamos una canción
que tenga el aire en las manos
y en la tierra el corazón

Te digo hermano que es tiempo
que se acaben los señores
Que un apellido no basta
para demostrar valores

Te digo hermano que es tiempo
que el pueblo empiece a vivir
Que nadie ha venido al mundo
solo a sudar y a sufrir

Te digo hermano que grites
cuando tengas que gritar
porque el miedo a la lucha
nunca ganamos la paz

Te digo hermano que entiendas
que la mujer es tu hermana
No es ningún mueble de lujo
ni un articulo de cama

Te digo hermano que entiendas
que el deber de la mujer
no es solo parir los hijos
cuidar la casa y coser

Hay muchos que hablan de cambios
pero no quieren cambiar
Nos venden collares nuevos
pero el perro sigue igual

I'm Telling You Brother

I'm telling you brother it's time
for us to write a new song
that has the air in our hands
and the heart in the land

I'm telling you brother it's time
for the time of the lords to end
That a last name is not enough
to validate your worth

I'm telling you brother it's time
for people to start living
That no one came into the world
just to sweat and suffer

I'm telling you brother to shout
when you need to shout
because by fearing the fight
we will never win peace

I'm telling you brother so you understand
that a woman is your sister
She's not a luxury item
or a trinket for your bed

I'm telling you brother so you understand
that the duty of a woman
isn't just to have children
take care of the house and sew

Many talk about changes
but they don't want to change
They sell us new collars
but the dog stays the same

Te digo hermano que entiendas
que hacer la revolución
no es juntar dos o tres locos
cuatro balas y un canon

Te digo hermano que es tiempo
de hacer la revolución
Pero empieza por ti mismo
que después seremos dos

Te digo hermano que es tiempo
que se acaben los poetas
que tienen agua en el sangre
y aserrín en la cabeza

Te digo hermano que es tiempo
que aprendamos que el amor
no viene en color rosado
alitas y un corazón

Te digo hermano que entiendas
que amar no es hablar de amor
Que amar es vivir con todos
en la lucha y la canción

I'm telling you brother so you understand
that starting revolution
is not just gathering a few crazies
four bullets and a cannon

I'm telling you brother it's time
to start a revolution
But begin with yourself
then we'll be two

I'm telling you brother it's time
for those poets to end
who have water in their blood
and sawdust in their heads

I'm telling you brother it's time
that we learn that love
doesn't come in the color pink
with wings and a heart

I'm telling you brother so you understand
that love isn't talking about love
Love is living with everyone
in the fight and in the song

Por un Viejo Muerto

Cuantos que pasan sin verte
temblando en tu cuerpo viejo
Que poco le importa a todos
que no tengas pan ni techo

Con un cuchillo de plata
la luna bajó a buscarte
Que pena que tiene el viento
entre las ramas del sauce

Que pena que tiene el agua
Que pena tiene la calle
Con ojos de duro hielo
miró el invierno tus carnes

Por las veredas del tiempo
se hizo recuerdo tu sangre
Que frío se volvió el mundo
cuándo se te fue la tarde

La noche mordió tu angustia
con mil estrellas de hielo
Que triste pasa la luna
sobre tus ojos abiertos

Que quieto se quedó el aire
entre tus manos tan viejas
Cuánto dolor tiene el agua
crespón de escarcha la acequia

Cuantos pasaron sin verte
Hoy el día nació muerto
Que poco le importa al mundo
que la noche mate un viejo

Song for a Dead Old Man

How many pass by without seeing you
trembling in your old body
How little it matters to all
that you have no bread or shelter

With a silver knife
the moon came down to find you
What pity is in the wind
among the willow's branches

What pity is in the water
What pity is in the street
With eyes of hard ice
winter looked at your flesh

Through the sidewalks of time
your blood became a memory
How cold the world became
when the afternoon faded away

The night bit into your anguish
with a thousand stars of ice
How sad the moon passes
over your open eyes

How still the air became
between your hands so old
The water is in so much pain
the *acequia* draped in frost

How many passed by without seeing you
Today the day was born dead
How little it matters to the world
that the night kills an old man

El Amanecer

Ya Yemaya llega y llama
fuerza del agua mujer
Árbol de luz y en sus ramas
la luz del amanecer

Volverá el invierno a repetir en nieve su canción de pinos
Volverá el verano, floreciendo palmas de azul y de sol
Y en la eterna ronda de furia y de calma
con voces lejanas, subirá en tu alma la antigua canción

Ya Yemaya llega y llama
Y allá en la estrella se ve
Árbol de luz y en sus ramas
la luz del amanecer

Y es de luz la esencia de esta perorata
Corazón de lata no vayas a arder
Que en la sinfonía de mil cosas vanas
volverá mañana la canción de ayer
Y en la eterna ronda de furia y de calma
con voces lejanas, subirá en tu alma la antigua canción

Ya Yemaya llega y llama
Y allá en la estrella se ve
Árbol de luz y en sus ramas
la luz del amanecer

¿Dónde están los otros, dónde fue María?
¿Quien inventó el SIDA, quien murió de amor?
¿Dónde está la ronda de viejos amigos
compartiendo vino baraja y canción?

Amanece hermano sobre esta dolida
Triste y tan jodida loco sinrazón
Y a pesar del odio del miedo y la rabia
Yo les traigo cantos del Gran Corazón

Canten que en el canto cantan
Viejos misterios de fe
Canten que el sol ya levanta
La luz del amanecer

The Dawn

Yemaya comes and calls
woman strength of the water
Tree of light and in its branches
the light of dawn is here

Winter will return to repeat in snow its song of pines
Summer will return blooming palms of blue and sun
And in the eternal cycle of fury and calm
with distant voices the ancient song will rise in your soul

Yemaya comes and calls
And there in the star it is seen
Tree of light and in its branches
the light of dawn is here

And the essence of this speech is light
Tin heart do not go up in flames
For in the symphony of a thousand vain things
the song of yesterday will return tomorrow
And in the eternal cycle of fury and calm
with distant voices the ancient song will rise in your soul

Yemaya comes and calls
And there in the star it is seen
Tree of light and in its branches
the light of dawn is here

Where are the others, Where did María go?
Who invented AIDS, who has died from love?
Where is the circle of our old friends
sharing wine playing-cards and songs?

Dawn breaks over this wound brother
Sad and fucked up crazy without reason
And despite the hatred the fear and the rage
I bring you songs from the Great Heart

Sing for in the song they sing
old mysteries of faith
Sing for the sun is rising
The light of dawn is here

Canción del Inmigrante

Tantas calle ciudades y cielos tuve que cruzar
Mi familia mi gente mi pueblo quedaron atrás
Y al llegar a esta tierra buscando mi suerte cambiar
con dignidad
Recibí bofetada y castigo
Soledad y frío de la gran ciudad

Inmigrante canta tu canción
sin odio y sin temor
Inmigrante somos tu y yo
y toda está nación

Somos niños hermanas y madres
buscando un lugar
Trabajamos servimos y amamos
como los demás

Y en el pecho llevamos el rostro
de los que no están
Caravana de sueños truncados
en su humano anhelo de vivir en paz

A esta tierra de libres
la hicieron gente que llegó
Inmigrantes del mundo forjaron
Esta gran nación

Y nosotros seguimos forjando
La misma ilusión
Del crisol de esta tierra inmigrante
Somos voz y parte
trabajo y canción

Inmigrante canta tu canción
sin odio y sin temor
Inmigrante somos tu y yo
y toda está nación

Immigrant Song

So many cities and skies I have had to cross
My family my people my home were left behind
And I arrived in this land looking for my luck to change
with dignity
I received a slap in the face and punishment
Loneliness and cold of the big city

Immigrant sing your song
without hate and without fear
Immigrant we are, you and I
and this whole nation

We are children sisters and mothers
searching for a place
We work, we serve, we love
like everyone else

And in our chest we hold the faces
of those that are left behind
Caravan of shattered dreams
in their hopeful longing to live in peace

This land of the free
was made by the people who arrived before
Immigrants from the world forged
this great nation

And we continue forging
the same illusion
From the nature of this immigrant land
we are voice and part
work and song

Immigrant sing your song
without hate and without fear
Immigrants we are, you and I
and this whole nation

Canto Tierra

Gracias agua luz divina
que en el río o en la ermita
y en sequía nos recuerda
que toda el agua es bendita

Gracias hierba milagrosa
Curadora del espanto
Gracias hierba que en tus hojas
se aminoran mis quebrantos

No cortes el árbol que nos da la sombra
No quemes la tierra que a todos nos nombra
No ensucies el agua no abuses del pez
Si la tierra muere morimos también
morimos también

Gracias loto de la aguas
Mensajero y luz del alba
Gracias canto que en la furia
nos das paz y me das calma

Gracias árbol de la lluvias
Gracias mar que nos dio vida
Gracias tiempo de la siembra
que la tierra nos convida

No cortes el árbol que nos da la sombra
No quemes la tierra que a todos nos nombra
No ensucies el agua no abuses del pez
Si la tierra muere morimos también
Morimos también (¡NO SEAS HUEVÓN!)

Earth Song

Thank you water divine light
that in the river or the shrine
and in drought you remind us
that all water is sacred

Thank you miraculous herb
Healer of terror
Thank you herb whose leaves
ameliorate my sorrows

Don't cut the tree that gives us shade
Don't burn the earth that gives us our names
Don't dirty the water don't abuse the fish
If the earth dies, we die too
we die too

Thank you lotus of the waters
Messenger and light of dawn
Thank you song that in fury
brings us peace and gives me calm

Thank you tree of the rains
Thank you sea that gave us life
Thank you time of planting
that the land invites us

Don't cut the tree that gives us shade
Don't burn the earth that gives us our names
Don't dirty the water don't abuse the fish
If the earth dies, we die too
we die too (Don't be an asshole!)

Ni un Tiro Más

Ni un tiro más sea necesario
Bestia Marina de cruel horario
Bomba y martillo triste calvario
Antigua y torpe forma del daño

Ni un tiro más
sobre la tierra
sufrida y bella
su sola estrella
sangra en la arena
de la isla nena
que en su condena
de casi un siglo
busca el alivio
y desencadena
su antigua pena
Ni un tiro más
Ni un tiro más
Ni un tiro más

Ni un tiro más
sobre las aguas
ni en esa playa
de azul montaña
Y que se vaya
la muerte armada
como manada
sin corazón
La sinrazón
del prepotente
del mata gente
Ni un tiro más
Ni un tiro más
Ni un tiro más

Not One More Shot

Not one more shot is necessary
Naval beast with its cruel routine
Bomb and hammer miserable trial
Ancient and clumsy form of destruction

Not one more shot
on the earth
suffering and beautiful
her only star
bleeds in the sand
of the island child
that in her condemnation
of almost a century
searches for relief
and unleashes
her old sorrow
Not one more shot
Not one more shot
Not one more shot

Not one more shot
over the waters
nor on that beach
of the blue mountain
And get out of here
armed death
like a herd
without a heart
The nonsense
of the aggressor
the people killer
Not one more shot
Not one more shot
Not one more shot

Ni un tiro más
sobre la gente
que vive y siente
sencillamente
La dignidad
Calma y valiente
Que no consiente
Ni un tiro más
Sobre la gente (Ni un tiro más)
Sobre las aguas (Ni un tiro más)
Sobre la tierra (Ni un tiro más)
Sobre estas playas (Ni un tiro más)

Ni un tiro más
hiriendo a Vieques
Ni un tiro más
mintiendo al mundo
Ni un tiro más
imperio absurdo
Ni un tiro más, ni un tiro más

Not one more shot
Upon the people
Who live and feel
honestly
Dignity
Calm and brave
Who don't consent
Not one more shot
Upon the people (Not one more shot)
Upon the waters (Not one more shot)
Upon the land (Not one more shot)
Upon these beaches (Not one more shot)

Not one more shot
hurting Vieques
Not one more shot
lying to the world
Not one more shot
absurd empire
Not one more shot, not one more shot

Margarita

Margarita está linda la mar y el viento
Tiene acento sutil de azahar yo siento
En el aire una alondra cantar tu acento
Margarita te voy a contar un cuento

A la orilla del mar y del tiempo vive Margarita
levantando castillos de espuma de arena y de sal
Trae el viento un rumor de canción es María Bonita
Y hasta el árbol se llena de hojas al verla pasar

Margarita en tu acento yo siento canciones y cuentos
caracolas dormidas y abuelas preparando el pan
La mañana dibuja con luz su canción en el puerto
Y enredado entre versos y rimas no sé qué cantar

Por eso del gran poeta sus mismos versos yo "via" copiar

Margarita está linda la mar y el viento
Tiene acento sutil de azahar yo siento
En el aire una alondra cantar tu acento
Margarita te voy a contar un cuento

Chuka muca la mácara guácara ñiákara loca
Nicaraca la guácara nuca de san de san borombóm
Él que cante este son a la luna con lluvia en la boca
no tendrá mal de ojo, gualicho ni pena de amor

Ella entiende el decir de la alondra el temblor de la rosa
la palabra de árbol del agua y de puro animal
Cuando canta despierta el amor que hay en todas las cosas
Y en su canto la vida con ella se pone a cantar

Y de don Rubén Dario sus mismos versos voy a cantar

Margarita

Margarita is lovely the sea and the wind
A subtle accent of orange blossom I feel
In the air a lark sings with your accent
Margarita I'm going to tell you a tale

On the shore of the sea and time lives Margarita
building castles of foam, sand, and salt
The wind brings a murmur of song it's Pretty María
Even the tree is adorned with leaves as you pass by

Margarita in your accent I feel songs and stories
sleeping seashells and grandmothers preparing bread
The morning sketches her song in the harbor with light
And entangled in verses and rhymes I don't know what to sing

That is why I will copy the very same verses by the great poet

Margarita is lovely the sea and the wind
A subtle accent of orange blossom I feel
In the air a lark sings with your accent
Margarita I'm going to tell you a tale

Chuka muca la mácara guácara ñiákara loca
Nicaraca la guácara nuca de san de san borombóm
He who sings this tune to the moon with his mouth full of rain
will have no evil eye hex nor heartbreak

She understands the language of the lark the tremor of the rose
the word of the tree of water and of pure animal
When she sings she awakens the love in all things
And in her song life itself begins to sing

And that's why I'm going to sing the verses of don Rubén Darío

Manifiesto

Vamos a tumbar la piedra
Vamos a tumbar la piedra
Vamos a tumbar la piedra
Bomba Plena y Rock and Roll

En perpetua chingadera de mulatería sonora
de bomba plena y tambora
se alimenta mi armonía

Dios lo junta al que se cría
Con su pareja homologa
Y aunque me venga de toga
El mismo diablo en carroza

"de todas maneras rosas"*
camarón con su mofongo
Y del blues del norte pongo
Elvis pelvis y un trombón

Mística masturbación
de roqueros y cocolos
y pega'o a un babalao
toca dios su saxofón
Y en un combo 'e babalao
toca dios su saxofón

      En el tiempo que la historia se bifurca
      y del tronco del sillón salen los muertos
      a patear la luz vacía de los sauces

      Cuando el odio llueven arañas sobre el polen
      Y hasta el viento arrastra muecas de locura
      Y en los pueblos crece el hambre como un hijo

      Cuando el orden muele y masca los rincones
      y es el alma un porcentaje de recuerdos
      y la madre un vaso azul de labios rotos

Manifesto

Let's go break the stone wall down
Let's go break the stone wall down
Let's go break the stone wall down
Bomba Plena & Rock & Roll

In perpetual fuckery of sonorous chaos
bomba plena & drum
nourish my harmony

Whoever is raised, God gathers
with their homologous pair
Even if he comes to me in a toga
the devil himself in a chariot

"de todas maneras rosas"*
shrimp and mofongo
And from the northern Blues I put
Elvis' pelvis and a trombone

Mystical masturbation
of rockers and *cocolos**
and next to a *babalawo**
God plays his saxophone
And in a combo of *babalawos*
God plays his saxophone

> In the time that history split in two
> the dead come out from the armchair's trunk
> to kick the empty light of the willows
>
> When hatred rains spiders over pollen
> and even the wind carries grimaces of madness
> and hunger grows in the villages like a son
>
> When order grinds and chews the corners
> and the soul, a percentage of memories
> and the mother, a blue glass of broken lips

Porque ya es hora llega la aurora
Porque ya es hora porque ya es hora
Llega la aurora porque ya es hora
Porque ya es hora llega la aurora

Como una flecha
Luz luminosa
Como manzana
de sed tan roja
Como una hojita
que el viento toca
Como la luna
que el agua arropa
Como la teta
que el labio agota
Si no es afuera
sube por dentro
Sino en instinto
en el pensamiento
Quien ríe llorando
llora contento

(c el macho agrede el semen que lo forma
se condena con barrotes
la caricia es pecado y la sonrisa la ilusión)

Con Tacuba me defino
En Ketama yo me encuentro
Es con Cortijo y que siento
la métrica y su razón

Ritmo roto del tambor
Yo barrunto temporales
Si es del mar que vienen males
se despierta el huracán

Because it's time the dawn is coming
Because it's time because it's time
The dawn is coming because it's time
Because it's time the dawn is coming

Like an arrow
Luminous light
Like an apple
of thirst so red
Like a leaf
that the wind touches
Like the moon
that the water wraps
Like the tit
that the lip dries up
If it's not outside
it rises within
But for in instinct
within thought
Who laughs crying
happily cries

(when men attack the semen that forms him
he condemns himself with bars
the caress is sin and the smile is illusion)

With Tacuba I define myself
In Ketama I find myself
And with Cortijo is that I feel
the metric and its reason

Broken rhythm of the drum
I foresee the tempest coming
If it's from the sea that evils come
it awakens the hurricane

Y ni el bacalao con pan
me hace sopa de este guiso
Y es con morcilla y chorizo*
la función carnivoriana

Semillitas de Nirvana
y llantén prefiero yo
Que soy de casta latina
de Mendoza a Nuevo York

Americano Latino
De Vieques al sur del Bronx
Mestizo Terrestre Humano
Desde la tierra hasta el sol

And not even cod with bread
makes me soup out of this stew
It's with *morcilla* and *chorizo*
that fulfills the carnivorian act

Little seeds of nirvana
and I prefer *llantén**
I'm of the Latin caste
from Mendoza to New York

American Latino
from Vieques to the South Bronx
Mestizo Terrestrial Human
from the earth up to the sun

*"*de todas maneras rosas" is a Salsa by Ismael Rivera*
*"*cocolos" are fanatics of Salsa*
*"*babalawo" is a priest of Santería*
kinds of sausage
*"*llantén" is plantain*

Hoy Me Acuerdo

Hoy me acuerdo del árbol
volando en la ventana
Y la lluvia creciendo
desde el aire y la nada
Y el color de ese octubre
por tus manos mojadas
en la provincia vieja
de cerveza y manzanas
Y en tu cuerpo de luna
el malvón la mañana
y el olor del otoño
en tu pelo y la almohada
Hoy me acuerdo de todo
lo que el tiempo hizo nada

Today I Remember

Today I remember the tree
flying in the window
And the rain growing
from the air and nothingness
And the color of that October
for your wet hands
in the old province
of beer and apples
And in your moon body
the geranium the morning
and the smell of autumn
in your hair and pillow
Today I remember everything
what time has made into nothing

Canción para una Muchacha Azul

Para una muchacha azul
cazadora de la espuma
que si se asoma la tarde
la vuelve de pino y bruma

Para una muchacha roja
corazón de enredadera
con un caracol que espera
cuando la luna lo moja

Si mi pájaro de arena
encuentra tu caracola
nos llenaremos de azul
con el ruido de las olas

Para una muchacha triste
que quiere volver al mar
para vestir de coral
su soledad sola y triste

Si tomas de cuna el mar
para volverte a la muerte
yo te traeré una corona
de canciones y de sal

Para una muchacha isleña
que se me sube a los ojos
como un paisaje de barco
debajo de un cielo rojo

Para una muchacha esquiva
que me ha dicho cien mil cosa
y a veces se me hace espina
y a veces parece rosa

Para esa luna de julio
que entre tu pecho y el cielo
nunca se atreve a volar
ni a bajar conmigo al suelo

Song for a Girl in Blue

For a blue girl
huntress of sea foam
if she appears the evening
she turns into pine and mist

For a red girl
heart of vines
with a seashell that waits
for the moon to moisten it

If my bird made of sand
finds your seashell
we will fill ourselves with blue
from the noise of the waves

For a sad girl
who wants to return to the sea
dressing up in coral
her loneliness alone and sorrowful

If you take the sea as your cradle
to return you to death
I will bring you a crown
of salt and songs

For an island girl
that rises up to my eyes
like a boat's seascape
beneath a red sky

For an evasive girl
who has told me a hundred thousand things
and sometimes makes me a thorn
and sometimes looks like a rose

For that July moon
that between your chest and the sky
that never dares to fly
or fall with me to the ground

Para Socorro que esconde
ternura en un caracol
que se viste de armadura de llave y cerradura
y pone candado al sol

Si mi pájaro de arena
encuentra tu caracola
nos llenaremos de azul
con el ruido de las olas

For Socorro who hides
tenderness in a seashell
who dresses herself in armor key and lock
and puts a bolt on the sun

If my bird made of sand
finds your seashell
we will fill ourselves with blue
from the noise of the waves

El Palomero

Víctor Casiano vino muy niño
de Puerto Rico con su mamá
Otros hermanos (hermano, hermana) llegaron luego,
Todos crecieron en la ciudad

Acero y techo, basura y cielo
techo de antenas y palomar
Los niños nacen, los niños mueren
todos los niños quieren volar

Palomero guarda el cielo
del veneno y la maldad
Dale un cielo de palomas
a la luz de la ciudad

Igual que nubes pasa la vida
y el Palomero la ve pasar
Como palomas que el viento lleva
sobre los techos de la ciudad

Voló un hermano, se fue hasta el cielo
dejó una herida de eternidad
Víctor decide cuidar la vida
y las palomas de palomar

Palomero guarda el cielo
del veneno y la maldad
Dale un cielo de palomas
a la luz de mi ciudad

Víctor Casiano piensa en Borinquen
pero de allá no se acuerda n'á
Y aquí en las tardes golpea los cueros
y un aguacero de claridad

Dibuja la isla en el horizonte
como paloma volando al sol
Crecen las palmas sobre los techos
Borinquen vive aquí en Nueva York!

Pigeon Man

Victor Casiano came as a child
from Puerto Rico with his Mama
Other siblings arrived there later,
All of them grew up in the city

Steel and roof, garbage and sky
roof of antennas and pigeon coop
Children are born, children die
every child wants to fly

Palomero, guard the sky
from the poison and the malice
Give a sky full of pigeons
to the light of the city

Like the clouds life passes
and Palomero watches it go by
Like pigeons that the wind carries
across the rooftops of the city

Away his brother, flew up to the sky
and left behind an eternal wound
Victor decided to care for life
and the pigeons of the coop

Palomero, guard the sky
from the poison and the malice
Give a sky full of pigeons
to the light of my city

Victor Casiano thinks of his homeland
but he don't remember nothing from there
And here in the night he beats the drums
in a downpour of clarity

He draws his island on the horizon
like a pigeon flying towards the sun
Palm trees grow on these rooftops
Borinquen lives here in Nueva York!

Borinquen vive aquí en Nueva York!
Borinquen vive Borinquen vive
Borinquen vive aquí en Nueva York!

Canto a la raza puertorriqueña
porque a esta tierra trajo su sol
Por ser primeros ellos sufrieron
El frio mas frio de esta nación

Victor Casiano neo borincano
Caribe y norte mano con mano
Canto a mi raza latina humana
que a todas partes lleva su son

Borinquen vive aquí en Nueva York!
Borinquen vive Borinquen vive
Borinquen vive aquí en Nueva York!

Borinquen lives in Nueva York!
Borinquen lives, Borinquen lives
Borinquen lives here in Nueva York

I sing to the race of Puerto Ricans
because to this land they brought their sun
Being the first they had suffered
the coldest cold here in this nation

Victor Casiano neo-Borinquen
Caribbean and North hand in hand
I sing to my race latin and human
that everywhere carries its tune

Borinquen lives in Nueva York!
Borinquen lives, Borinquen lives
Borinquen lives here in Nueva York

Esta Canción

Esta canción no analiza
Esta canción no crítica
Esta canción no denuncia
maldice ni antagoniza

Esta canción no señala
Esta canción no protesta
Esta canción no discute
no presume ni molesta

Esta canción no alardea
No es crítica ni alabanza
Esta canción ni se dice
ni se piensa ni se canta

Esta canción no pregunta
Esta canción no contesta
Esta canción no se alquila
ni se vende ni se presta

Esta canción no se entiende
Esta canción no se explica
Esta canción no se aguanta
ni por gusto ni por chanza

Esta canción no me sobra
Ni me falta ni me alcanza
Esta canción no me importa
ni me pica ni me rasca

Esta canción dura tanto
Como un pájaro de alpiste
Viene el diablo, se la come
esta canción ya no existe

This Song

This song doesn't analyze
This song doesn't criticize
This song doesn't denounce
curse or antagonize

This song doesn't point
This song doesn't protest
This song doesn't argue
It doesn't presume or annoy

This song doesn't brag
It's not criticism or praise
This song isn't said
you neither think nor sing it

This song doesn't ask
This song doesn't answer
This song is not for rent
or for sale or to be lent

This song can't be understood
This song can't be explained
This song can't be tolerated
not for fun or pleasure

This song can't be spared
its neither too little nor too much
This song doesn't matter
it doesn't itch or scratch

This song lasts as long
as a bird made out of birdseed
The devil comes and eats it
this song no longer exists

Receta para un Canción

Tomar una mariposa
Ponerla en un libro viejo
Hablar del mar y el otoño
y tu ausencia en el espejo

Caminar un mar de hierbas
Maldecir las alamedas
Salir a mirar la noche
taller tu nombre en madera

Moler a hachazos la luna
Llenarme de flores secas
la camisa los rincones
la canción y las orejas

Tener la guitarra a mano
por si empieza a parecer
cayendo como del viento
el nombre de una mujer

Buscar acordes que suenen
a hierbabuena y violín
por guardar en mi guitarra
tu paso de colibrí

Sentir que estoy empezando
a volverme una ventana
para espiar la luna verde
del sauce por la mañana

Recipe for a Song

Paint a butterfly
Put it in an old book
Talk about the sea and the fall
and her absence in the mirror

Walk through a sea of grass
Howl at the poplar trees
Go out and watch the night
carve her name onto a piece of wood

Grind down the moon with an axe
Stuff yourself with dried flowers
your shirt and all corners
this song and your ears

Have the guitar close at hand
should a name start to appear
falling as if out of the wind
the name of a woman

Look for chords that sound like
violins and peppermint
to keep in your guitar
her hummingbird step

You start to feel like you are
becoming a window
for spying on the green moon
of the willow in the morning

Cuida el Agua

Hay agua en la tierra
y hay agua en el cielo
y hay agua en la lluvia
que moja el sombrero

Hay agua que sube
y hay agua que baja
y hay agua en el charco
del patio en la casa

Hay agua en los lagos
y hay agua en los ríos
y hay agua en los mares
y en el vaso mío

Hay agua en "paragua"
y agua en "Nicaragua"
y hay agua en "piragua"
y agua en "Paraguay"

y agua hay en la savia
que va en la madera
y el agua en la harina
se convierte en pan

Cuida el agua, cuida el agua
cuida el agua, cuídala

Care For Water

There is water in the earth
and there is water in the sky
and there is water in the rain
that gets my hat wet

There is water that goes up
and water that goes down
and there is water in the puddle
on the porch of the house

There is water in the lakes
and there is water in the rivers
and there is water in the oceans
and in this glass of mine

There is *agua* in "par<u>agua</u>"
and *agua* in "Nicar<u>agua</u>"
and *agua* in "pir<u>agua</u>"
and *agua* in "Par<u>agua</u>y"

There's water in the sap
that flows through the wood
and water mixed with flour
will turn into bread

Care for the water, care for the water
Care for the water, care for it

Imagen Latina

Indios, hispanos y negros
nos vinieron a formar
raza de todas las sangres
y un futuro por lograr

A las entrañas del monstruo
como dijera Marti
vinimos para esforzarnos
a trabajar y a vivir.

Desde Quisqueya hasta el Plata
De las Pampas a la Havana
somos sangre, voz y parte
de esta tierra americana

En el país de la nieve
o bajo el sol del palmar
el latino de todas partes
busca por su libertad

Americanos todos somos
Del norte, centro y el sur
con un presente de lucha
por un futuro de luz

Esta es mi imagen latina
Este es mi nuevo cantar
para decirte mi hermano
busca y encuentra unidad

Latin Image

Indians, Hispanics and Blacks
we joined together to form
the race of all peoples
with a future to secure

Within the entrails of the monster
as Martí would say
we came to endeavor and to strive
to work hard and to live

From Quisqueya to el Plata
From the Pampas to Havana
we are blood voice and part
of this American soil

In the country of the snow
or beneath the sun of the palms
the Latino from all over
is searching for their freedom

We are all Americans
From the north central and the south
with a present of struggle
for a future of light

This is my Latin image
This is my new song
to tell you my brother
seek and find unity

Canción por Woody Guthrie

Allá en los 40's, por las Californias
un avión en llamas explotó y cayó
Eran mejicanos braceros hermanos
a ninguno de ellos la prensa nombró

Pero hubo un paisano de aquellos lugares
que contra lo injusto levantó su voz
Su nombre era Woody, su apellido Guthrie
y un canto a la vida, su vida cantó

Canto a Woody Guthrie por ser un amigo
Le canto un corrido en amor y Amistad
Más alto que el muro que divide el río
Más alta que la alma que ansía la paz

Hace casi un siglo de esta historia amarga
Las cosas no cambian van de mal en mal
Deportan los malos, deportan los buenos
Si Cristo viniera sería ilegal

Por su pelo largo, por su piel oscura
Y andar sin papeles pregonando paz
Paz para la guerra, paz contra las drogas
Paz contra el malvado que ansía el mal

Paz contra los que hacen la guerra a las drogas
la guerra al planeta, la guerra a la paz
Paz contra los bancos que financian muerte (guerras)
y que son gobierno narco y criminal

Paz contra las jueces con leyes de guerra (absurda)
contra el inmigrante y la humanidad
Paz contra los leyes que permiten armas
que en el Norte venden y el Sur matarán

Canto a Woody Guthrie por ser un amigo
Le canto un corrido en amor y Amistad
Más alto que el muro que divide el río
Más alta que la alma que ansía la paz

Más alto que el muro que divide el río
Más alta que la alma que ansía la paz

Song for Woody Guthrie

In the 1940s, there in California
a plane in flames exploded and fell
They were Mexicanos braceros, *hermanos*
not even one of them was named by the press

But there was a *paisano* up from those places
who opposed injustice, and raised up his voice
His name was Woody, and his last name Guthrie
and a song to life, and his life he sang

I sing to Woody Guthrie for being a brother
I sing him a ballad in love and amity
Even higher than the wall that divides the river
Even higher than the soul that longs for peace

Almost a century from this bitter story
these things don't change, going from bad to worse
They deport the bad, they deport the good
if Christ came over, he'd be illegal too

For his long hair, and for his dark skin
traveling without papers, and for preaching peace
Peace for the war, peace for the drugs
peace for the evil one who desires harm

Peace for those who are making the war against drugs
war against the planet, war against peace
Peace against the banks that finance death (wars)
'cause they are governments, narco and criminal

Peace against judges with laws of war (absurd laws)
against the immigrant and humanity
Peace against laws that allow weapons
that are sold in the North, that the South uses to kill

I sing to Woody Guthrie for being a brother
I sing him a ballad in love and amity
Even higher than the wall that divides the river
Even higher than the soul that longs for peace

Even higher than the wall that divides the river
Even higher than the soul that longs for peace

Las Noticias

Ha llegado el mosquito del Nilo
con más prensa que el balsero Elián,
Pica y pánico crea su pico
El mosquito no tiene "green card"

El mosquito ha picado a poquitos
Ni siquiera ha logrado infectar
una parte de lo que el "flu" mata
o la brutalidad policial

El alcalde que piensa que todo
a los golpes él puede arreglar
ha tenido un idea brillante
y mandó Nueva York fumigar

Olvídate del mosquito
y cuídate de veneno
Que anda flotando en el cielo
y el aire de la ciudad

No salga sin mangas largas
y cierre bien la ventana
Métase abajo e'la cama
que este veneno hace mal

Olvida el mosquito
y baila esta plena
De vida está llena
y es de corazón

No creas los diarios
Apaga la "tele"
Conéctate al radio
de tu corazón

La Marina bombardea Vieques
El alcalde envenena New York
Jorge Bush fríe gente en su silla
y con Cola todo va mejor

The News

The Nile mosquito has arrived
with more press than the rafter Elián
Picking and panic at its peak
The mosquito doesn't have a "green card"

The mosquito has been biting little by little
It hasn't even managed to infect
a fraction of what the flu kills
or police brutality

The mayor who thinks everything
can be can fixed with a hammer
has had a brilliant idea
and he's ordered New York to be sprayed

Forget the mosquito
and be aware of the poison
What's floating in the sky
and the air of the city

Don't go out without long sleeves
and close the window tightly
Lie down under the bed
this venom does harm

Forget the mosquito
and dance this *plena*
It is full of life
and it's from the heart

Don't believe the papers
Turn off the TV
Connect to the radio
in your heart

The Navy bombs Vieques
The Mayor poisons New York
George Bush fries people in a chair
and everything goes better with Cola

El obispo de Lima denigra
a la gente que es homosexual
Si Jesús lo escuchara diría:
"Su Excelencia usted es un animal"

Olvídate del mosquito
y aléjate del humano
que discrimina a su hermano
por sexo clase o color

La religión no es de nadie
Si existe Dios es de todos
Todos los humanos somos
frutos del acto de amor

Olvida el mosquito
baila bomba y plena
De vida está llena
y es de corazón

No creas los diarios
Apaga la "tele"
Conéctate al radio
de tu corazón

El milenio ha empezado a los tumbos
pero puede ponerse mejor
una vez que el alcalde se vaya
y a Cristina cancelen su show

Pero puede este siglo volverse
como un fuego violento y fatal
si la industria de armas consigue
de Colombia hacer otro Vietnam

Olvídate del mosquito
y cuídate del humano
que a tiros mata a su hermano
con una excusa trivial

The bishop of Lima denigrates
people who are homosexual
If Jesus heard him, he would say:
"Your Excellency, you are an animal"

Forget the mosquito
and stay away from the human
who discriminates against his brother
by sex class or color

Religion isn't anyone's
If God exists, they belong to everyone
All humans are
fruits of the act of love

Forget the mosquito
dance *bomba* and *plena*
It is full of life
and it's from the heart

Don't believe the papers
Turn off the TV
Connect to the radio
in your heart

The millennium has begun in a jumble
but things can get better
once the Mayor leaves
and Cristina cancels her show

But this century may turn
like a violent and fatal fire
if the arms industry gets
Colombia to make another Vietnam

Forget the mosquito
and be careful of the human
who shoots his brother dead
with trivial excuses

Se llame ley o guerrilla
o Jorge Bush con su silla
la ley divina es sencilla
quien mata es un criminal

Olvida el mosquito
baila bomba y plena
De vida está llena
y es de corazón

No creas los diarios
apaga la "tele"
Conéctate al radio
de tu corazón

Whether it's called law or guerrilla
or George Bush in his chair
the divine law Is simple
whoever kills is a criminal

Forget the mosquito
dance *bomba* and *plena*
It is full of life
and it's from the heart

Don't believe the papers
Turn off the TV
Connect to the radio
in your heart

Bernardo Palombo

the poetry of songs

Listen to the songs and learn about the collaborations involved with the music.
Use the QR Code or go to:

www.bernardopalombo.com/poesia

Escuche las canciones y conozca las colaboraciones involucradas con la música.
Utilice el código QR o vaya a la URL.

For more information about Bernardo Palombo's community work visit:

www.tallerlatino.org

Para más información sobre el trabajo comunitario de Bernardo Palombo.

www.ingramcontent.com/pod-product-compliance
Lightning Source LLC
Chambersburg PA
CBHW031419160426
43196CB00008B/999